essentials

Essentials liefern aktuelles Wissen in konzentrierter Form. Die Essenz dessen, worauf es als „State-of-the-Art" in der gegenwärtigen Fachdiskussion oder in der Praxis ankommt. Essentials informieren schnell, unkompliziert und verständlich

- als Einführung in ein aktuelles Thema aus Ihrem Fachgebiet
- als Einstieg in ein für Sie noch unbekanntes Themenfeld
- als Einblick, um zum Thema mitreden zu können

Die Bücher in elektronischer und gedruckter Form bringen das Expertenwissen von Springer-Fachautoren kompakt zur Darstellung. Sie sind besonders für die Nutzung als eBook auf Tablet-PCs, eBook-Readern und Smartphones geeignet.

Essentials: Wissensbausteine aus den Wirtschafts, Sozial- und Geisteswissenschaften, aus Technik und Naturwissenschaften sowie aus Medizin, Psychologie und Gesundheitsberufen. Von renommierten Autoren aller Springer-Verlagsmarken.

Emma T. Budde

Abtreibungspolitik in Deutschland

Ein Überblick

Emma T. Budde
Geschwister-Scholl-Institut für
Politikwissenschaft (GSI)
Lehrstuhl für Empirische Theorien der
Politik
Ludwig-Maximilians-Universität
München (LMU)
München
Deutschland

ISSN 2197-6708
ISSN 2197-6716 (electronic)
ISBN 978-3-658-09723-3
ISBN 978-3-658-09724-0 (eBook)
DOI 10.1007/978-3-658-09724-0

Die Deutsche Nationalbibliothek verzeichnet diese Publikation in der Deutschen Nationalbibliografie; detaillierte bibliografische Daten sind im Internet über http://dnb.d-nb.de abrufbar.

Springer VS

Gedruckt auf säurefreiem und chlorfrei gebleichtem Papier

Springer Fachmedien Wiesbaden ist Teil der Fachverlagsgruppe Springer Science+Business Media (www.springer.com)

Was Sie in diesem Essential finden können

- Die Darstellung des moralischen Konflikts, der die Abtreibungspolitik so brisant macht.
- Eine Einführung in die verschiedenen existierenden gesetzlichen Modelle der Abtreibungsregulierung.
- Eine Übersicht über die abtreibungsrechtlichen Regulierungsniveaus in Westeuropa von 1960 bis 2015.
- Die wichtigsten Reformen des § 218 StGB.
- Eine Analyse der Determinanten deutscher Abtreibungspolitik.

Vorwort

Dieses Springer Essential zur Abtreibungspolitik ist aus einem Beitrag in dem Springer-Band „Moralpolitik in Deutschland. Staatliche Regulierung gesellschaftlicher Wertekonflikte im historischen und internationalen Vergleich“ der Herausgeber Christoph Knill, Stephan Heichel, Caroline Preidel und Kerstin Nebel (2015) entstanden. Neben Beiträgen zu Sterbehilfe, Glücksspiel, embryonaler Stammzellforschung, Prostitution, Homosexualität, Homo-Ehe, Drogen, Schusswaffen und Pornographie, findet sich in dem Sammelband das von Stephan Heichel und mir verfasste Kapitel zu Abtreibung. Das Gesamtwerk enthält die Erkenntnisse über ein breites Spektrum der moralpolitischen Regulierung. Es zeigt Unterschiede und Gemeinsamkeiten der verschiedenen Politikfelder auf. Dieses Essential hingegen steht allein und kann sich somit ganz den Besonderheiten des politischen Konflikts um Abtreibungen widmen. Deshalb wurde dieses Essential um ein Kapitel zu den Facetten des moralisch-weltanschaulichen Konflikts um Schwangerschaftsabbrüche, der dem politischen Konflikt zu Grunde liegt, erweitert. Darüber hinaus wurde die Messung der Abtreibungsregime in Europa verfeinert, durch neue Erkenntnisse bereichert und um die Jahre 2011–2015 ergänzt.

Während das originäre Buch vergleichende Politikwissenschaftler als Zielgruppe hat, richtet sich dieses Essential an alle Interessierten. Somit steht nicht mehr Abtreibung als ein politikwissenschaftliches Forschungsproblem im Vordergrund, sondern die Darstellung von Abtreibungspolitik in Deutschland – ihre Gegenwart, ihre Geschichte und ihre Ursachen.

Dieses Essential ist im Rahmen des Projekts „MORAPOL“ entstanden. „MORAPOL“ ist ein groß angelegtes Forschungsvorhaben unter der Leitung Professor Christoph Knills, im Zuge dessen verschiedene Moralpolitiken für 26 Staaten über einen Zeitraum von 50 Jahren analysiert werden. Ohne die großzügige Förderung von „MORAPOL“ durch einen „European Research Council (ECR) Advanced Grant“ wäre die vorliegende Publikation nicht möglich gewesen.

Inhaltsverzeichnis

1 Einleitung

Abtreiben oder nicht abtreiben? Eine folgenschwere Entscheidung, die wohl den meisten betroffenen Frauen nicht leicht fällt. Auch der Politik fiel eine Antwort auf die politische Dimension der Abtreibungsfrage, ihre gesetzliche Regulierung, stets schwer. Der in den §§ 218 ff. Strafgesetzbuch (StGB) behandelte Schwangerschaftsabbruch hat politische Debatten provoziert, die in ihrer Emotionalität, aber auch in ihrer Härte und Länge ihresgleichen suchen.

Abtreibungen berühren fundamentale gesellschaftliche Fragen, wie zum Beispiel, ob den Interessen der Frau oder dem embryonal-fetalen[1] Leben im Zweifelsfall Vorrang zu geben ist; ab wann der Mensch überhaupt ein Mensch ist; was die Stellung der Frau in der Gesellschaft sein sollte; welche Rolle Religion in der Politik spielen darf; inwieweit der Staat sich durch bevölkerungspolitische Maßnahmen in die reproduktiven Belange seiner Bürger einmischen sollte und was die konsequente Missachtung eines Verbots für das Rechtssystem als Ganzes bedeutet. All diese Fragen sind moralisch-weltanschaulicher Natur und entziehen sich der Gewissheit mathematischer oder naturwissenschaftlicher Wahrheiten. Der moralische Standpunkt bedingt die jeweilig präferierte rechtliche Regulierung von Abtreibungen, die zwischen den Extremen eines Totalverbots und einer Fristenlösung divergieren kann.

Die Abtreibungsgesetze in Deutschland und Europa haben sich in den letzten 55 Jahren einem großen Wandel unterzogen. Insgesamt ist die Regulierung sehr viel liberaler geworden, d. h. die Frau hat mehr Möglichkeiten erhalten, eine un-

[1] Die Entwicklung menschlichen Lebens in der Schwangerschaft wird in zwei Phasen unterteilt: die Embryonalperiode ab dem Beginn der Schwangerschaft und die Fetalperiode ab der neunten Schwangerschaftswoche. Embryonal-fetales Leben wird in diesem Essential anstelle der Worte „Leibesfrucht“ (veraltet) und Nasciturus (juristisch) als Oberbegriff für den Embryo wie auch den Fetus genutzt.

E. T. Budde, *Abtreibungspolitik in Deutschland,* essentials,
DOI 10.1007/978-3-658-09724-0_1

gewollte Schwangerschaft legal zu beenden. Der Liberalisierungspfad wurde in Deutschland aber keineswegs geradlinig beschritten. In dem politischen Kampf um den § 218 standen sich in den vergangenen Jahrzehnten in verschiedenen Konstellationen liberale und wertkonservative Kräfte, Feministinnen und Kirchen sowie Ost- und Westdeutsche so unversöhnlich gegenüber, dass selbst bereits verabschiedete Gesetze oft noch in letzter Sekunde gestoppt und revidiert wurden.

Im Folgenden werden zunächst die unterschiedlichen Facetten des moralischen Konflikts um Abtreibungen beleuchtet, denn erst durch eine Betrachtung der vielschichtigen moralischen Fragen, die dem Schwangerschaftsabbruch zu Grunde liegen, wird klar, warum die Thematik politisch so brisant ist. In Kapitel drei folgt eine Einführung in die unterschiedlichen möglichen Regulierungsmodelle von Abtreibungen und es wird aufgezeigt, wie sich diese anhand ihrer Liberalität kategorisieren lassen. Das entwickelte Kategorisierungsschema wird auf siebzehn europäische Staaten über einen Zeitraum von 55 Jahren angewendet, wodurch ein kompakter Überblick über die Regulierungsgeschichte von Abtreibungen in Europa gegeben wird. Ferner lässt der europäische Vergleich Rückschlüsse über die relative Liberalität oder Restriktivität deutscher Abtreibungsgesetze zu. Kapitel vier widmet sich im Anschluss ganz der deutschen Rechtslage und den Reformschritten, die gegangen wurden, um bei der heutigen Regelung anzukommen. Während dieses Kapitel die Regulierungshistorie deskriptiv darstellt, so ist der Fokus des fünften darauffolgenden Kapitels analytischer Natur. Das Zusammenspiel der politischen Akteure und ihre Interaktion mit nationalen und internationalen Faktoren werden analysiert, um Ursachen für die Veränderungen der Abtreibungsgesetze über Zeit zu finden. Abschließend gibt das Fazit einen Ausblick auf die zu erwartende Zukunft des § 218 in Deutschland.

2 Die Facetten des moralischen Konflikts um Abtreibung

Abtreibungsgesetze, d. h. die rechtliche Regulierung von vorsätzlichen vorzeitigen Schwangerschaftsabbrüchen, bieten ein außerordentlich hohes Maß an Konfliktpotenzial. Dies rührt daher, dass die Abtreibungsthematik viele fundamentale gesellschaftliche Fragen berührt, wie etwa was die Stellung der Frau in der Familie und Gesellschaft sein sollte; welche Rolle Religion heute noch in der Politik spielen darf; ab wann der Mensch eigentlich ein Mensch ist; wo die Grenze legitimer staatlicher Einflussnahme auf die Körper seiner Bürger verläuft; und ob Reproduktion Privatsache ist oder ob der Staat sie in seinem Sinne steuern darf.

Antworten auf all diese Fragen basieren auf Werturteilen und fußen somit auf moralischen, ethischen oder religiösen Werten. Die individuelle Weltanschauung gibt den Ausschlag für den persönlichen Standpunkt, denn ein Richtig oder Falsch im Sinne technischer oder naturwissenschaftlicher Gewissheiten gibt es bei solchen Fragen nicht. Eine pluralistische Gesellschaft ist gekennzeichnet von einer Vielzahl parallel existierender Werte und Weltanschauungen und daraus resultierender Standpunkte. Ein Gesetz muss sich jedoch auf einen Standpunkt festlegen. Das Problem bei der gesetzlichen Regulierung von moralischen Themen wie dem Schwangerschaftsabbruch ist, dass ein Gesetz immer auch eine, und nur eine, moralische Position einnimmt und somit dem moralischen Empfinden von einigen entspricht und dem von anderen widerspricht.

Die politische Brisanz der Regulierung von Abtreibungen steht im direkten Zusammenhang mit dem moralischen Konflikt, der hinter Schwangerschaftsabbrüchen steht. Für eine Betrachtung der Abtreibungspolitik ist eine Beleuchtung der verschiedenen Facetten des moralischen Konflikts deshalb unerlässlich.

E. T. Budde, *Abtreibungspolitik in Deutschland,* essentials,
DOI 10.1007/978-3-658-09724-0_2

2.1 Einzigartige Zweisamkeit: Selbstbestimmung der Frau versus Lebensrecht des ungeborenen Kindes

Die Schwangerschaft ist eine Phase menschlicher Existenz sui generis. Menschliches Leben ist von wechselseitigen Abhängigkeiten und dem Erfordernis gegenseitiger Fürsorge geprägt. Aber keine Situation ist vergleichbar mit der ausweglosen Unteilbarkeit und Abhängigkeit des embryonal-fetalem Lebens von dem der betreffenden Frau. In dieser untrennbaren Zweisamkeit liegt die Einzigartigkeit. So unbestreitbar wie die Besonderheit der Schwangerschaft, so strittig ist, was diese Eigenart für moralische und rechtliche Konsequenzen haben sollte. Liberale wie auch konservative Positionen können sich auf diese Besonderheit beziehen. Beispielsweise lässt sich folgern, dass die absolute Bedingtheit der Entwicklung einer befruchteten Eizelle, d. h. ihre Angewiesenheit auf die Einnistung in die Gebärmutter des weiblichen Körpers, das absolute Entscheidungsrecht der betreffenden Frau bedeute. Ausgehend von der Prämisse, dass jeder Mensch grundsätzlich die Entscheidungsgewalt über den eigenen Körper haben muss, so muss die Angewiesenheit embryonal-fetalen Lebens auf den weiblichen Körper bedeuten, dass dieses auch der weiblichen Entscheidungsmacht unterworfen ist.

Umgekehrt kann man in der nur bedingten Lebensfähigkeit des Fötus/Embryos eine besondere Schutzverpflichtung sehen, die falls nötig auch gegen den Willen der Frau durchgesetzt werden muss. Rechtlich und moralisch problematisch ist der Schwangerschaftsabbruch, weil notwendigerweise immer zwei Leben, wenn auch in unterschiedlichen Stadien, betroffen sind: Das Leben der Frau und das embryonal-fetale Leben. In dieser einzigartigen Konstellation müssen also immer die Rechte des einen gegen die Rechte des anderen abgewogen werden. Das Ergebnis der Abwägung der Interessen zweier Lebewesen hängt eng mit einer weiteren Frage zusammen: Ab wann wird der Fetus/Embryo als Mensch gezählt?

2.2 Ab wann ist der Mensch ein Mensch?

Eine zweite Besonderheit der Schwangerschaft liegt darin, dass sie den Prozess der Menschwerdung von dem Moment der Einnistung der Eizelle bis zur Geburt begleitet. Fraglich ist jedoch, ab wann genau der Mensch eigentlich ein Mensch ist. Ab der Geburt? Ab der Lebensfähigkeit außerhalb des Mutterleibes? Ab der Nidation (Einnistung)? Eine philosophisch-weltanschauliche Frage, deren Beantwortung handfeste rechtliche Konsequenzen hat.

Die Position, der Mensch sei ein Mensch ab der Befruchtung der Eizelle, verlangt natürlich nach einer fundamental verschiedenen rechtlichen Regulierung von

Abtreibungen, als die Position, der Mensch werde erst durch die Geburt zum Menschen. Die Annahme einer sukzessiven Menschwerdung resultiert in einer wieder anderen moralischen Beurteilung von Abtreibungen in verschiedenen Stadien der Schwangerschaft.

Von der Position ausgehend, dass es sich bereits ein paar Tage nach der Einnistung in die Gebärmutter um einen Menschen handele (zwar nur ein Zellhaufen, aber bereits mit allen genetischen Informationen ausgestattet), müssen diesem Menschen auch uneingeschränkt Rechte zugesprochen werden. Aus dieser Perspektive ist jede Abtreibung ein Mord. Notwendigerweise müsste das Recht der Frau auf Selbstbestimmung dem Lebensrecht eines anderen Menschen in einer Abwägung unterliegen. Je weiter jedoch der Zeitpunkt der vollständigen Menschwerdung nach hinten datiert wird, desto schwerer wiegen die Rechte der Frau.

2.3 Zwei Geschlechter, doch nur eines wird schwanger

Eine dritte Besonderheit der Schwangerschaft ist, dass dieser Zustand nur den Körper von Frauen, also nur ein Geschlecht, betrifft. Gleichzeitig ist die Schwangerschaft als notwendiger Teil der menschlichen Reproduktion aber von Interesse für die gesamte Menschheit. Damit berührt der Konflikt über die Zulassung des Schwangerschaftsabbruchs die Genderdebatte.

Die ungleiche Verteilung von Reproduktionskapazität zugunsten bzw. zu Lasten der Frau wirft viele Fragen auf, etwa welche Rolle der Erzeuger an der Entscheidung für oder gegen einen Abbruch spielen sollte. Gleichzeitig stellt dies in Frage, ob es gerechtfertigt ist, dass mehrheitlich männliche Politiker und Juristen über die Legalität von Abtreibungen entscheiden. Frauen wurden lange Zeit auf Sexualität und Reproduktion reduziert. Dass in Deutschland die Vergewaltigung in der Ehe erst 1997 strafbar wurde, ist nur ein Beispiel für die rechtliche Zementierung der Verfügbarkeit des weiblichen Körpers für Männer. Im Kontext dieser langen patriarchalen Tradition plädierten schon Teile der ersten Welle der Frauenbewegung in Deutschland zu Beginn des 20. Jahrhunderts für die weibliche Selbstbestimmung in der Abtreibungsfrage (vgl. Behren 2004, S. 112 ff.).

Da nicht nur die Schwangerschaft, sondern auch das Gros der Erziehungs- und Hausarbeit immer noch auf Frauen zurückfällt, bedeutet die Legalität von Abtreibungen nicht nur das Selbstbestimmungsrecht über den eigenen Körper, sondern auch über weite Teile des eigenen Lebensweges. Nicht zufällig entwickelte sich der Konflikt über die Regulierung von Abtreibungen zum Symbol des Konflikts über die sich wandelnde Rolle der Frau in der Familie und Gesellschaft. Auch deshalb wurde die Forderung zur Streichung des § 218 StGB zum zentralen Ziel der zweiten Welle der Frauenbewegung in den 1970er Jahren in Deutschland.

2.4 Die christliche Religion und Abtreibung

Während Feministinnen die stärksten Befürworter einer Liberalisierung von Abtreibungsgesetzen sind und waren, so sind die Kirchen, in Deutschland vor allem die katholische Kirche, traditionell die größten Reformgegner. Die katholische Kirche spricht sich gegen jede Form von Abtreibung aus, da für sie das menschliche Wesen bereits ab dem Zeitpunkt der Empfängnis alle Rechte, auch das Recht auf Leben, innehat (Kongregation für die Glaubenslehre 2009).

Die christliche Religion positionierte sich schon in der Phase seiner frühen Ausbreitung gegen Abtreibungen als Mord. Als Gründe kommen die bevölkerungspolitischen Implikationen von Reproduktion in Frage. Für eine aufstrebende Macht, die sich zu vergrößern sucht, ist Vermehrung natürlich essentiell (Busch und Hahn 2014, S. 12). Aber auch das symbolische Gewicht der Deutungshoheit über Leben und Sterben stellt einen Grund dar, warum Religionen, und hier ist das Christentum keine Ausnahme, besonders klare Positionen zu Themenbereichen wie Abtreibung haben. „[D]as Verfügungsrecht über das Leben neu zu definieren: als nicht mehr individuell entscheidbar, sondern durch Gott als Schöpfer und damit die Kirche bestimmt" (ebd., S. 12; siehe auch Jerouschek 1993, S. 44 f.), ist zugleich moralische Machtdemonstration und Daseinslegitimation von Kirchen. Verlieren Kirchen die gesellschaftliche Deutungshoheit über zentrale Passagen im menschlichen Leben wie Geburt, Tod und Eheschließung, so verlieren sie Teil dieser Daseinslegitimation. In Anbetracht dessen ist der kirchliche Kampf gegen gleichgeschlechtliche Ehe, Sterbehilfe und Abtreibung nicht nur als Kampf um die Sache selber, sondern um das Primat der moralischen Autorität und somit als Kampf um die kirchliche Stellung in der Gesellschaft zu deuten.

Die religiös-säkulare Konfliktlinie wird von christlichen Parteien wie der CDU direkt in die Politik getragen und trägt zur moralischen Sprengkraft von Abtreibung im politischen Diskurs bei.

2.5 Abtreibung als bevölkerungspolitisches Instrument

Weitere abtreibungsinhärente Konflikte liegen in dem Potenzial, Abtreibungen als bevölkerungspolitisches Instrument, d.h. zur Steuerung der Größe und Zusammensetzung der Bevölkerung, zu nutzen. Besonders relevant wurden bevölkerungspolitische Überlegungen in Bezug auf Abtreibung in Deutschland zunächst zu Beginn des 20. Jahrhunderts. Ein rapider Geburtenrückgang im ehemaligen Kaiserreich, kennzeichnend für den Übergang von einem Agrar- zu einem Industriestaat, löste die ersten heftigen öffentlichen Debatten über Abtreibung aus (Behren 2004,

S. 92). Der sogenannte „demographische Übergang“ prägte die zeitgenössische Sichtweise, der Staat müsse eingreifen, um den Bestand an Soldaten und Arbeitskräften zu sichern. Unter pronatalistischen Gesichtspunkten wurden illegale Abtreibungen stärker geahndet. Aus der Zeit der Jahrhundertwende wurzeln auch die Bestrebungen nicht nur die Quantität, sondern auch die „Qualität“ der Bevölkerung zu steuern (ebd.). Ihren Höhepunkt erreichten eugenisch-rassenhygienische Maßnahmen im Dritten Reich. Erstmals fand eine eugenische (heute spricht man eher von embryopathischer) Indikation Eingang in die deutsche Gesetzgebung. Die Möglichkeit Menschen mit potenziellen Behinderungen schon vor der Geburt für eine Abtreibung zu selektieren, war damals also politisch erwünscht und provozierte sogar eine Liberalisierung der Abtreibungsgesetzgebung. In jüngster Zeit ist genau der gegenteilige Trend zu beobachten. Die mit dem technologischen Fortschritt wachsenden Möglichkeiten der Pränataldiagnostik und damit auch der selektiven Abtreibung von Föten mit zu erwartender Behinderung bewirkten, dass 2009 die Abtreibungsgesetzgebung in Deutschland wieder etwas restriktiver wurde. Insgesamt ist die historische und aktuelle Verquickung von Abtreibungsgesetzen mit Bevölkerungspolitik, Eugenik und Behindertenrechten eine weitere Quelle für Konflikte.

2.6 Nachfrage trotz Verbot

Eine letzte Problematik in der Regulierung von Abtreibungen liegt darin, dass auch wenn Schwangerschaftsabbrüche gesetzlich verboten sind, es trotzdem immer eine Nachfrage und somit auch illegale Angebote gibt. Abtreibungen finden unabhängig von der Gesetzeslage statt. Eine Verschiebung in die Illegalität bedeutet lediglich, dass Abtreibungen jenen Frauen vorbehalten sind, die die Preise illegaler Anbieter oder die Reise ins Ausland finanzieren können. Des Weiteren bedeutet die Illegalität, dass die Anbieter nicht kontrolliert werden können und somit viele Frauen gesundheitliche Schäden von Besuchen bei sogenannten „Engelmachern“ davon tragen. Die Illegalität oder das Erlaubt-Sein von Abtreibungen sind somit eng mit Frauengesundheit und indirekt auch mit Klassengerechtigkeit verbunden. Ferner stellt eine Rechtsnorm, die durch alltägliche Missachtung untergraben wird, die Wirksamkeit des gesamten Rechtssystems in Frage.

Viele politische Entscheidungsmaterien lassen eine Kompromissbildung zu. Bei unterschiedlichen Positionen innerhalb der Gesellschaft findet sich oft ein regulativer Mittelweg. Bei moralischen Entscheidungen wie der Abtreibung ist dies ungleich schwerer. Die unterschiedlichen moralischen Positionen stehen sich kompromisslos gegenüber. Spricht man dem embryonal-fetalen Leben etwa unbedingt Menschenrechte zu, so befriedigt eine Lösung, die das ungeborene Leben ab dem ersten Schwangerschaftstrimester schützt, eine solche Position nicht. Ist die moralische Position hingegen, dass die betreffende Frau das uneingeschränkte Recht hat über ihren Körper und Lebensweg zu entscheiden, so stellt folglich jedes Verbot einen illegitimen Eingriff in die Privatsphäre und Entscheidungsfreiheit der Frau dar. Eine stabile politische Kompromissfindung ist angesichts dieser moralischen Absolute erschwert. In diesem Lichte betrachtet, verwundert es nicht, dass der politische Kampf um den § 218 ungewöhnlich hart und lang war. Auch erklärt es, warum gefundene Lösungen immer wieder revidiert wurden und die bis heute geltende widersprüchliche Regelungen so lange Bestand hat.

3 Abtreibungsregime in Europa

Die gesetzliche Regulierung von Abtreibungen unterscheidet sich zwischen Ländern und über Zeit. Trotz dieser Unterschiede lassen sich die verschiedenen Gesetze in einige gängige Regulierungsmodelle einteilen. Ein Blick auf die europäischen Nachbarn lohnt sich, weil sich die deutsche Regulierungsgeschichte in Interaktion mit der europäischen Gesamtentwicklung ausbildete. Außerdem lässt nur der internationale Vergleich eine Einschätzung über die relative Liberalität oder Restriktivität der deutschen Gesetzeslage zu.

3.1 Was ist ein liberales Gesetz?

Eine Abtreibungsregulierung ist umso liberaler, je weniger gesetzlichen Einschränkungen die betreffende Frau bei der Entscheidung eine Schwangerschaft vorzeitig zu beenden unterliegt. Anhand dieses Kriteriums lassen sich die verschiedenen Formen der Abtreibungsregulierung in eine Rangordnung von restriktiv zu liberal einordnen. Grob kann man drei verschiedene Modelle unterscheiden: Ein Totalverbot, ein Indikationsmodell und ein Fristenmodell (siehe z. B. Meidert und Nebel 2013, S. 82 f.). Doch auch innerhalb dieser Kategorien gibt es große Unterschiede, weshalb in diesem Essential wo nötig in noch kleinschrittigere Kategorien unterteilt wird.

Eine Klassifizierung von Abtreibungsregimen erschwert, dass sich in den einzelnen Ländern oft die de jure und die de facto Regelung, d. h. das was im Gesetz steht und das was tatsächlich praktiziert wird, unterscheiden. In Großbritannien beispielsweise steht einem nach heutigen Maßstäben eher restriktiven Gesetz eine liberale Handhabung in der Praxis gegenüber. Im Gegensatz dazu gibt es in einigen österreichischen Bundesländern nur sehr wenige Kliniken, die Abtreibungen

E. T. Budde, *Abtreibungspolitik in Deutschland,* essentials,
DOI 10.1007/978-3-658-09724-0_3

durchführen. Deshalb ist dort, trotz einer liberalen Gesetzgebung, der Zugang zu Abtreibungen erschwert.

Der Einfachheit halber findet in diesem Essential nur die de jure Regelung Beachtung. Die Klassifizierungsgrundlage ist folglich der Wortlaut in den jeweiligen Gesetzen und nicht die Implementation.

Als **Totalverbot** werden jene Gesetze klassifiziert, die jede Art der vorsätzlichen vorzeitigen Beendigung einer Schwangerschaft unter Strafe stellen. Hierbei ist ein Schwangerschaftsabbruch, egal unter welchen Umständen, verboten und kann eine Strafe nach sich ziehen. Irland hatte beispielsweise noch bis 2013 ein solches Totalverbot. Diese Regulierung geriet jedoch immer wieder unter Druck, weil auch die Lebensgefahr der schwangeren Frau kein Grund für eine legale Abtreibung darstellte und somit immer wieder Frauen an den Folgen von Schwangerschaftskomplikationen starben.

Indikationsmodelle sind Regelungen, unter welchen bei Vorhandensein bestimmter Umstände, sogenannter Indikationen, eine Abtreibung nicht bestraft wird. Die strikte medizinische Indikation stellt das restriktivste Indikationsmodell dar. Unter einer solchen Regelung sind Abtreibungen nur dann erlaubt, wenn das Leben der schwangeren Frau in Gefahr ist. Die nächst liberalere Regulierung ist eine weite medizinische Indikation, bei welcher abgetrieben werden darf, auch wenn „nur" die Gesundheit der Frau, und nicht zwangsläufig ihr Leben, bedroht ist.

Diesen beiden Varianten der medizinischen Indikation folgen die embryopathische Indikation und die kriminologische Indikation. Die embryopathische Indikation begründet die Legalität der Abtreibung wegen einer fötalen Missbildung oder eines Gendefektes. Eine kriminologische Indikation zielt darauf ab, dass Abtreibungen vorgenommen werden dürfen, wenn die Schwangerschaft aus mindestens einem Sexualstraftatbestand herrührt, etwa einer Vergewaltigung, Inzest oder dem Geschlechtsverkehr mit einer Minderjährigen.

Noch liberaler ist eine soziale Indikation. Sie wird auch Notlagenindikation genannt, weil Abtreibungen erlaubt sind, wenn sich die Frau in einer persönlichen Notlage befindet. Eine solche Indikation fungiert als Auffangbecken für alle Sachverhalte, die eine Krisensituation der Frau umfassen, aber nicht unter eine der anderen Indikationen fallen. Bei einer sozialen Notlage der Frau kann es sich z. B. um die familiäre Situation, das Alter oder die Anzahl der bisherigen Kinder handeln. Die meisten Gesetze lassen eine genaue Definition jedoch bewusst offen. Diese Indikation bringt bereits ein hohes Maß an Entscheidungsfreiheit für die betreffende Frau mit sich, da die unterschiedlichsten individuellen Lebensumstände Berücksichtigung finden können.

Das **Fristenmodell** ist die liberalste existierende Regulierung. Eine solche Regulierung bedeutet, dass ohne jedwede Begründung bis zu einer bestimmten

Schwangerschaftswoche abgetrieben werden darf. Dieses Modell bedeutet faktisch die größte Entscheidungsfreiheit für die Frau. Implizit drückt es eine Werthaltung aus, die das Selbstbestimmungsrecht der Frau, zumindest in einem frühen Schwangerschaftsstadium, über das Lebensrecht des embryonal-fetalen Lebens stellt. Die Entscheidung über den Abbruch oder die Weiterführung einer Schwangerschaft wird damit aus den Zwängen von Indikationen befreit und in die Hände der Frau gelegt. Diese liberalste Form der Regulierung lässt sich noch in eine kurze (bis zur zwölften Schwangerschaftswoche) und eine lange Frist (mehr als zwölf Wochen) unterteilen.

3.2 Die Regulierungsgeschichte von Abtreibungen in Europa

Die Tab. 3.1 zeigt, wie sich die beiden deutschen Staaten und ab 1990 das vereinigte Deutschland im Verlauf von 1960–2015 relativ zu den anderen 15 westeuropäischen[1] Staaten in der Abtreibungspolitik bewegten. Um die Politikentwicklung trotz des langen Betrachtungszeitraumes und der Komplexität nationaler Abtreibungsregulierungen übersichtlich darzustellen, wurden sieben Regulierungsstufen festgelegt, in welche die Staaten zu sieben Zeitpunkten eingeordnet wurden. Zwischen den beiden empirisch beobachtbaren Extremen, dem Totalverbot und dem langen Fristenmodell, finden sich die verschiedenen Indikationsmodelle. Die abgebildeten Regulierungsstufen sind von unten nach oben gemäß ihrer Liberalität geordnet. Mit jeder Stufe wachsen die Möglichkeiten für Frauen, legal abzutreiben. Die kriminologische- und die embryopathische Indikation sind zu einer Kategorie zusammen gefasst, weil zum einen nicht klar bestimmt werden kann, welche von beiden als liberaler zu bewerten ist, und zum anderen diese Indikationen meist beide in einem Land vorhanden oder beide nicht vorhanden sind.

Insgesamt zeigt sich ein eindeutiger Liberalisierungstrend in Westeuropa über die letzten 55 Jahre. Während zu Beginn des Beobachtungszeitraums noch keines der Länder ein Fristenmodell vorzuweisen hatte, so reguliert die überwiegende Mehrheit heute nach diesem liberalen Modell. Jede Veränderung in jedem Land stellt stets eine Liberalisierung dar, d. h. keines der betrachteten Länder hat seine Abtreibungsregulierung bedeutend restriktiviert. In Spanien war 2013 zwar eine

[1] Westeuropäisch wird hier im politischen Sinne verstanden. Das Sample setzt sich aus den EU-15 Staaten und den EFTA-Staaten zusammen. Ausgeschlossen wurden alle Kleinstaaten mit einer Einwohneranzahl < eine Million.

Tab. 3.1 Regulierungstrends im Bereich Schwangerschaftsabbruch in Westeuropa 1960–2015

Fristenmodell	Lang (mehr als 12 Wochen)			AT(16) SE(18)	AT(16) NL(24) SE(18)	AT(16) NL(24) SE(18)	AT(16) ES(14) NL(24) SE(18)	AT(16) ES(14) NL(24) SE(18)
	Kurz (bis 12 Wochen)			**DDR(12)** DK(12) FR(10) NO(12)	BE(12) **DDR(12)** DK(12) FR(10) GR(12) NO(12)	**DE(12)** DK(12) FR(10)	CH(12) **DE(12)** DK(12) FR(12) PT(10)	CH(12) **DE(12)** DK(12) FR(12) PT(10)
Indikationsmodell	Sozial	DK FI NO SE	DK FI GB NO SE	**BRD** FI GB IT	**BRD** FI GB IT	FI GB IT	FI GB IT	FI GB IT
	Kriminell und/ oder embryopathisch	**DDR** GR	**DDR** GR	GR	ES PT	ES PT		
	Medizinisch (Gefahr für Leben oder Gesundheit)	AT **BRD** CH GB NL	AT **BRD** CH NL	CH NL	CH	CH		
	Medizinisch (Lebensgefahr)	BE FR IT PT	BE FR IT PT	BE PT				IE
Totalverbot		ES IE	ES IE	ES IE	IE	IE	IE	
		1960	1970	1980	1990	2000	2010	2015

Dargestellt ist das Regulierungsniveau (y-Achse) über den Zeitraum 1960–2015 (x-Achse). Deutschland (DDR, BRD, DE) jeweils fett gedruckt. $N=16$ (bzw. 17). Datenquelle: MORAPOL
Die Tabelle umfasst alle westeuropäischen Staaten, außer Kleinstaaten (weniger als eine Million Einwohner). In den Kategorien des Fristenmodells befindet sich in Klammern jeweils die Woche, bis zu welcher ein Abbruch legal ist.
Ein Fristenmodell wird hier auch angenommen, falls die Frau noch Gründe für den Abbruch vorbringen bzw. eine Notlage deklarieren muss, sie aber alleinig über das Vorliegen dieser entscheidet.
Bei einem Totalverbot ist bzw. war das Vorliegen einer medizinischen Indikation meist umstritten. Bei den hier so klassifizierten Staaten war für die entsprechenden Zeitpunkte die Existenz einer solchen medizinischen Indikation zumindest nicht überwiegend anerkannt (z. B. in Irland trotz eines Urteils des Obersten Gerichtshofs von 1992).
Bezüglich des Tabellenfeldes „DDR 1970“: Am 15.03.1965 instruierte der Minister für Gesundheitswesen, dass eine Abtreibung auch genehmigt werden solle, wenn die psychische Gesundheit der Frau durch eine zu erwartende Behinderung des Kindes in Gefahr sei (Lammich 1988, S. 339). Dies bedeutet, dass es de facto ab 1965 eine soziale Indikation in der DDR gab. Da es aber noch kein entsprechendes Gesetz gab, findet dies keinen Eingang in die Grafik.
Bezüglich des Tabellenfeldes „Niederlande 1970“: Die Niederlande hatten ab 1966 eine auch vom Justizministerium und der Generalstaatsanwaltschaft offiziell anerkannte Rechtspraxis einer sozialen Indikation. Zu einer Anpassung des Gesetzestextes kam es allerdings erst 1981.
IE Irland, *ES* Spanien, *PT* Portugal, *IT* Italien, *BE* Belgien, *DE* Deutschland, *NL* Niederlande, *GB* Großbritannien, *NO* Norwegen, *FI* Finnland, *CH* Schweiz, *FR* Frankreich, *AT* Österreich, *SE* Schweden, *DK* Dänemark, *GR* Griechenland, *DDR* Deutsche Demokratische Republik, *BRD* Bundesrepublik Deutschland

Verschärfung der Gesetzgebung geplant, diese trat aber letztlich doch nicht in Kraft.

Grundsätzlich präsentiert sich das Politikfeld als sehr veränderungsfreundlich. Außer Finnland hat jedes Land seine Gesetzgebung in den letzten 55 Jahren modifiziert. Noch 1960 bildeten die vier skandinavischen Länder mit ihren sozialen Indikationsmodellen die liberalen Vorreiter. Norwegen, Dänemark und Schweden gehörten auch zu den ersten Ländern, die ein Fristenmodell einführten (Norwegen 1978, Dänemark 1973, Schweden 1974, alle 1980 in der Grafik). Finnland hingegen ist bis heute auf seiner Anfangsposition, einem sozialen Indikationsmodell, stehen geblieben.

Ein Totalverbot wiesen am Anfang des Beobachtungszeitraums nur Irland und Spanien auf. Die beiden Länder waren somit die restriktivsten Regulierer. Spanien bewegte sich jedoch bis heute von dieser restriktiven Ausgangslage ausgehend bis zur liberalsten Stufe und hat damit die größte Entwicklungsstrecke in Westeuropa hinter sich gebracht. Ganz anders verhielt sich das katholische Irland, das noch bis heute ein einsamer restriktiver Ausreißer ist.

Bei der Regelung des Schwangerschaftsabbruchs war die Bundesrepublik im Laufe der 55 Jahre in der Gesamtheit betrachtet ein „Mitläufer". Mit dem bis 1974 erlaubten Abbruch aufgrund einer Lebens- oder Gesundheitsgefahr für die Frau gestaltete sich das Recht zwar noch restriktiv, jedoch hatten in dieser Zeit nur wenige Staaten bereits liberale(re) und stattdessen eine Reihe anderer Länder noch restriktivere Regelungen. Mit der Erlaubnis des Schwangerschaftsabbruchs auch aufgrund einer sozialen Indikation (ab 1974/1976; 1980 in der Grafik) setzte sich dieser „Mainstream"-Trend fort. Zu diesem Zeitpunkt hatten bereits fünf Staaten und die DDR das Fristenmodell übernommen, während sieben andere Länder immer noch strikter als die BRD regulierten.

Die DDR regulierte von Anfang an liberaler als die BRD. Dem sozialistischen Staat gelang bereits in den 1970er Jahren die Einführung des Fristenmodells, d. h. zu einem Zeitpunkt, in dem es die Bundesrepublik nur auf ein soziales Indikationsmodell schaffte. Das Fristenmodell der DDR hatte in den ostdeutschen Bundesländern sogar bis 1992 Bestand.

Das Einschwenken des vereinigten Deutschlands auf das Fristenmodell 1992/1995 (ab 2000 in der Abbildung) führte Deutschland zwar in den Kreis der liberalsten Regulierer, jedoch geschah dies zu einem Zeitpunkt, als schon fast die Hälfte der Staaten diesen Schritt vollzogen hatte.

4 Überblick über die Rechtslage und die Reformschritte in Deutschland

In Deutschland ist der Schwangerschaftsabbruch seit 1871 in § 218 des Strafgesetzbuches (StGB) geregelt, welcher im Kern auf das Strafgesetzbuch der Preußischen Staaten von 1851 zurückgeht (Gante 1991, S. 13 f.). Obschon mehrfach modifiziert und durch Folgeparagraphen ergänzt, existiert der § 218 StGB heute immer noch. Damals wie heute können die an einer Abtreibung Beteiligten, etwa der Arzt oder die Frau, unter bestimmten Umständen bestraft werden. Trotzdem ist die Regulierung von Schwangerschaftsabbrüchen in Deutschland deutlich permissiver geworden. Nach jeweils erbitterten politischen und gesellschaftlichen Auseinandersetzungen wurden Mitte der 1970er und Mitte der 1990er Jahre die wesentlichen Reformschritte in Richtung Liberalität gegangen. 2009 wurde die Gesetzgebung noch einmal hinsichtlich der Spätabtreibungen modifiziert und wurde somit wieder etwas restriktiver.

Die heutige Rechtslage stellt „eine nicht leicht durchschaubare Mischung aus Verbot und Erlaubnis des Schwangerschaftsabbruchs“ dar (Spieker 2008, S. 92). § 218 StGB Abs. 1 stellt grundsätzlich jeden Abbruch unter Strafe. In § 218a StGB finden sich jedoch Voraussetzungen, unter denen eine Abtreibung dennoch straffrei bleibt. Ein Abbruch kann entweder den Tatbestand nicht erfüllen (Abs. 1), nicht rechtswidrig sein (Abs. 2, 3) oder lediglich straffrei sein (Abs. 4). Den Tatbestand verwirklicht ein Abbruch nicht, wenn die Schwangere den Abbruch verlangt, dieser von einem Arzt nach Beratung und anschließender dreitätiger Bedenkzeit und im ersten Schwangerschaftstrimester durchgeführt wird (Abs. 1). Aufgrund dieser Regelung spricht man in Deutschland vom Fristenmodell, denn ein Abbruch ist „wenn auch nicht formell, so doch im Ergebnis, erlaubt“ (Spieker 2008, S.92). Ausdrücklich nicht rechtswidrig zu jedem Zeitpunkt der Schwangerschaft ist ein Abbruch bei Vorlage einer medizinischen Indikation (Abs. 2). Außerdem nicht rechtswidrig gestaltet sich ein Abbruch im ersten Schwangerschaftstrimester bei

E. T. Budde, *Abtreibungspolitik in Deutschland,* essentials,
DOI 10.1007/978-3-658-09724-0_4

Vorlage einer kriminologischen Indikation (Abs. 3). Für die Frau ist der Abbruch nach Beratung bis zur zweiundzwanzigsten Woche nicht strafbar (Abs. 4). Für den Arzt gilt aber die zwölfte Woche, weshalb die wenigsten Frauen in Deutschland wohl einen Arzt finden sollten, der einen Abbruch in diesem Stadium vornimmt. Insgesamt handelt es sich um ein Fristenmodell, weil im ersten Schwangerschaftstrimester, wenn auch nur nach einer Beratung, straffrei abgetrieben werden kann. Welche Meilensteine gegangen wurden, um bei der komplizierten heutigen Regulierung anzukommen, wird im Folgenden dargestellt.

4.1 Die 1970er Jahre: Von der medizinischen zur sozialen Indikation

Die 1970er Jahre brachten eine Reform der Abtreibungsregulierung dahingehend, dass das zuvor bestehende restriktive Indikationsmodell zu einem liberaleren Indikationsmodell geändert wurde. Durften zu Beginn des Bestehens der Bundesrepublik Abtreibungen nur unter der strikten Bedingung der Vorlage einer Gefahr für Leben oder Gesundheit der Frau stattfinden, so durfte ab 1976 dank einer Gesetzesnovelle[1] eine Schwangerschaft bei Vorliegen einer medizinischen, kriminologischen, embryopathischen oder sozialen Indikation beendet werden. Der politische Weg zu dieser Regelung verlief jedoch keineswegs geradlinig.

1974 kam es zunächst zur knappen Annahme des Gesetzesentwurfs der Koalitionsparteien SPD und FDP (247 Ja-Stimmen, 233 Nein-Stimmen, neun Enthaltungen[2]). Dieser Entwurf, welcher der liberalste der vier zur Beratung stehenden Gesetzesvorschläge[3] war (Scheppele 1996, S. 38), sah ein Fristenmodell mit Straffreiheit des Schwangerschaftsabbruches im ersten Trimester vor[4]. Die CDU geführte baden-württembergische Landesregierung beantragte jedoch eine einstweilige Anordnung beim Bundesverfassungsgericht (BVerfG) und verhinderte somit das Inkrafttreten dieser liberalen Regelung. Zweieinhalb Stunden bevor das Gesetz am 22. Juni 1974 in Kraft getreten wäre, gab das Gericht dem Eilantrag

[1] BGBl I 1976, S. 1213.

[2] BT, 7. Wp., 96. Sitzung, Stenographischer Bericht, S. 6503.

[3] Zur Beratung standen der Entwurf der Abgeordneten Dr. Müller-Emmert und Genossen (BT-Drs. 7/443), der Entwurf von Dr. Heck und Genossen (BT-Drs. 7/561), der Entwurf der CDU/CSU-Fraktion (BT-Drs. 7/554) und der Entwurf der Fraktionen SPD, FDP (BT-Drs. 7/375). Da im Sonderausschuss für die Strafrechtsreform keiner der vier Entwürfe die erforderliche Mehrheit erhielt, wurden dem Plenum alle vier Entwürfe zur Entscheidung vorgelegt (BT-Drs. 7/1981 (neu), 7/1982, 7/1983, 7/1984 (neu)).

[4] BGBl I 1974, S. 1297.

statt (Mantei 2004, S. 421). Bis zur Entscheidung in der Hauptsache erlangte durch die einstweilige Anordnung eine vorläufige Regelung, ein Indikationsmodell mit medizinischer, kriminologischer und embryopathischer Indikation, Gesetzeskraft (Behren 2004, S. 470; Gindulis 2003, S. 109).

Am 25. Februar 1975 urteilte das BVerfG, dass sich im „Mutterleib entwickelndes Leben“ als selbständiges Rechtsgut durch Artikel 2 Absatz 2 Satz 1 des Grundgesetzes („Jeder hat das Recht auf Leben und körperliche Unversehrtheit“) geschützt sei und die Fristenlösung der daraus resultierenden verfassungsrechtlichen Schutzverpflichtung nicht gerecht werde. Als Begründung wurde unter anderem die vom nationalsozialistischen Regime betriebene „Vernichtung lebensunwerten Lebens“ angeführt, von der man sich abgrenzen wollte. Weiterhin führte man aus, dass der Lebensschutz der „Leibesfrucht“ grundsätzlich Vorrang vor dem Selbstbestimmungsrecht der Frau habe (BVerfGE 39, 1). Das Gericht forderte den Gesetzgeber zur Schaffung einer verfassungskonformen Regulierung auf. Bis dahin sollte das vom Gericht als Übergangsregelung bestimmte Indikationsmodell fortbestehen.

Als Reaktion auf das Urteil wurde 1976 die liberale Indikationsregelung verabschiedet. Damit setzte sich wieder ein Gesetzesentwurf[5] von SPD und FDP gegen einen restriktiveren Entwurf der Unionsfraktion[6] durch. Das Gesetz schöpfte den vom Verfassungsgericht gegebenen rechtspolitischen Gestaltungsspielraum voll aus, blieb aber notwendigerweise hinter der vorherigen mehrheitlichen Liberalisierungsforderung von Parlament und Öffentlichkeit zurück (Gindulis 2003, S. 113 ff.). Der Gesetzgeber wurde mit der Regelung einerseits dem Urteil des Verfassungsgerichts gerecht und stellte den Schwangerschaftsabbruch grundsätzlich unter Strafe. Andererseits strebte er eine möglichst liberale Handhabung in der Praxis an, indem er die Entscheidung über das Vorhandensein einer zu Strafffreiheit führenden Indikation in die Entscheidungsgewalt der Ärzteschaft legte.

Diese Gesetzesreform bildete den vorläufigen Abschluss einer über zwei Legislaturperioden hinweg in Politik und Gesellschaft ungewöhnlich heftig geführten Debatte (Behren 2004, S. 495). Bemerkenswert ist, dass keine der beteiligten Parteien das verabschiedete Gesetz uneingeschränkt anstrebt hatte, die Kompromisslösung aber trotzdem bis zur Wiedervereinigung unverändert blieb (Gindulis 2003, S. 113). Die sozial-liberale Mehrheit zu dieser Zeit präferierte eine liberale Regelung und die christdemokratische Opposition eine restriktivere.

[5] BT-Drs. 7/4128.

[6] BT-Drs. 7/4211.

Die Entwicklungen der 1970er Jahre im Überblick

- 26.04.1974 Fristenmodell (5. Gesetz zur Reform des Strafrechts – 5. StrRG) wird parlamentarisch verabschiedet, kann aber nicht in Kraft treten wegen einer einstweiligen Anordnung des BVerfG.
- 25.02.1975 BVerfG-Urteil: Fristenlösung grundgesetzwidrig.
- 12.02.1976 Deutscher Bundestag verabschiedet ein liberales Indikationsmodell (15. Strafrechtsänderungsgesetz – 15. StÄG).

4.2 Die 1990er Jahre: Vom sozialen Indikationsmodell zur Fristenlösung

Nach einer längeren Phase der Stagnation gelang in den 1990er Jahren schließlich die Liberalisierung hin zu einem Fristenmodell. Ähnlich wie bereits in den 1970er Jahren konnte ein ursprünglich verabschiedetes Gesetz wegen der Intervention des BVerfG zunächst nicht in Kraft treten. Erst 1995 gelang mit Inkrafttreten des Schwangeren- und Familienhilfeänderungsgesetzes die endgültige Einführung des Fristenmodells im vereinigten Deutschland.

Nach der Wiedervereinigung standen sich 1990 die liberale Fristenregelung der DDR und die in Relation dazu eher restriktive Indikationsregelung der Bundesrepublik gegenüber. Diese unterschiedlichen Rechtssysteme verlangten nach einer Angleichung. Im Einigungsvertrag konnte man sich jedoch noch auf keine einheitliche Regelung verständigen (Outshoorn 1996, S. 146). Stattdessen wurde die Entscheidung vertagt, so dass zunächst zwei Abtreibungsregime in Deutschland galten. 1992 verabschiedete der gesamtdeutsche Gesetzgeber schließlich nach „erbitterte[n] politisch-ideologische[n] Auseinandersetzungen zwischen den Fraktionen" einen fraktionsübergreifenden Entwurf, der eine Fristenlösung vorsah (Gindulis 2003, S. 118). Doch auch diese Regelung konnte, wie schon jene von 1974, auf Grund der Anrufung des BVerfG nicht in Kraft treten. Nachdem 248 Abgeordnete des Bundestages, darunter alle Parlamentarier der CSU, und die Bayerische Landesregierung eine abstrakte Normenkontrolle beim BVerfG beantragt hatten, erklärte dieses am 28. Mai 1993 Teile des Gesetzes für verfassungswidrig (BVerfGE 88, 203). Zur Begründung führte das Gericht an, dass die beschlossene Nicht-Rechtswidrigkeit der Abtreibung im ersten Trimester eine verfassungsrechtlich gebotene klare rechtliche Missbilligung von Schwangerschaftsabbrüchen vermissen ließe (Behren 2004, S. 506). Eine vom BVerfG bestimmte Übergangsregelung blieb bis 1995 in Kraft. Erst hiernach konnte als Antwort auf das Urteil und den Auftrag zur verfassungskonformen Neufassung des Rechts ein neues Gesetz verabschiedet werden.

1995 fand das Ringen um eine gesamtdeutsche Abtreibungsregelung zunächst sein Ende. Die 1995 im Schwangeren- und Familienhilfeänderungsgesetz[7] verabschiedete und in Kraft getretene Fristenlösung sieht vor, dass ein indikationsloser Schwangerschaftsabbruch innerhalb der ersten zwölf Wochen zwar grundsätzlich rechtswidrig ist (§ 218 StGB).

Er jedoch straffrei bleibt, sofern mindestens drei Tage vorher eine Beratung stattgefunden hat (Beratungsregel nach § 218a Abs. 1 StGB). Trotz der Intervention des BVerfG ähneln sich die 1992 und 1995 verabschiedeten Gesetze dahingehend, dass sie für eine Abtreibung innerhalb einer Frist Straffreiheit vorsahen. Der Unterschied zwischen den Gesetzen besteht darin, dass ein fristgerechter Schwangerschaftsabbruch nach dem Gesetz von 1992 explizit nicht rechtswidrig gewesen wäre, diese Feststellung jedoch im neu formulierten § 218b von 1995 fehlt. Für die Abtreibungspraxis macht dies, abgesehen von der Finanzierung des Abbruches durch die Krankenkassen, keinen Unterschied. Die Änderung der §§ 218 ff. in der Version von 1995 kann folglich, was die hier interessierende regulatorische Substanz betrifft, als symbolisch gewertet werden.

Die Entwicklungen der 1990er Jahre im Überblick

- 31.08.1990 Der Einigungsvertrag zwischen BRD und DDR legt fest, dass der gesamtdeutsche Gesetzgeber bis spätestens zum 31.12.1992 eine Neuregelung der Abtreibung erarbeiten muss.
- 26.06.1992 Fristenlösung (Schwangeren- und Familienhilfegesetz – SFGH) wird nach 16-stündiger Verhandlung parlamentarisch verabschiedet, kann aber nicht in Kraft treten wegen einer einstweiligen Anordnung des BVerfG.
- 28.05.1993 2. Fristenregelungsurteil: BVerfG erklärt Teile des Gesetzes für verfassungswidrig.
- 29.06.1995 Fristenlösung (Schwangeren- und Familienhilfeänderungsgesetz – SFHÄndG) wird parlamentarisch verabschiedet.

[7] BGBl I 1995, S. 1055.

4.3 Die 2000er Jahre: Kleine Schritte mit symbolischem Gewicht

Im neuen Jahrtausend war der Schwangerschaftsabbruch erneut sehr präsent in der öffentlichen Debatte. Trotzdem änderte sich an den gesetzlichen Regelungen wenig. Besonders große mediale Aufmerksamkeit erfuhren der Ausstieg der katholischen Kirche aus der Schwangerenkonfliktberatung im Jahr 2000 und die gesetzliche Novellierung von Spätabtreibungen 2009.

Die seit den 1990er Jahren bestehende Fristenregelung konnte sich politisch nur durch die Integration einer verpflichtenden Beratung durchsetzen. Suchte man zuvor das ungeborene Leben durch das Unter-Strafe-Stellen des Abbruchs zu schützen, so stellt die Regelung der 1990er Jahre zwar keine Änderung des politischen Ziels dar Abtreibungen zu verhindern, aber einen Wechsel in der Wahl des Mittels, um dieses Ziel zu erreichen. Von nun an versuchte man nicht mehr durch Strafandrohung, sondern in der Beratung „die Frau zu einer Fortsetzung der Schwangerschaft zu ermutigen und ihr Perspektiven für ein Leben mit dem Kind zu eröffnen" (§ 219 Abs. 1 StGB).

Die sogenannte Schwangerschaftskonfliktberatung wird von staatlichen Beratungsstellen und freien Trägern durchgeführt, unter anderem von „Pro Familia", dem Roten Kreuz, der evangelischen Kirche und bis zum Jahr 2000 der katholischen Kirche (Spieker 2008). Nach einer Schwangerenkonfliktberatung gemäß § 219 wird ein Beratungsschein ausgestellt, womit nach drei Tagen Bedenkzeit die Voraussetzungen zur straffreien Abtreibung erfüllt sind (ebd., S. 97 ff.). Das Dilemma der katholischen Kirche bestand darin, dass man sich einerseits nicht die Chance entgehen lassen wollte, Frauen in den eigenen Beratungsstellen von einer Abtreibung abzuhalten. Andererseits wollte man aber auch nicht indirekt durch die Ausstellung des Beratungsscheins die Voraussetzungen für eine legale Abtreibung schaffen. Letztlich stieg die katholische Kirche in Deutschland auf päpstliche Anordnung hin nach einem jahrelangen Konflikt endgültig aus der Konfliktberatung aus. Weiter schwelt die Kontroverse in der katholischen Kirche jedoch noch immer. 1999 gründeten Mitglieder des Zentralkomitees der deutschen Katholiken „Donum Vitae", „um die Anweisung des Papstes zu unterlaufen und den katholischen Beratungsschein zu retten" (ebd., S. 200). Der Verein setzt sich „[a]uf der Grundlage des christlichen Menschenbildes (…) für den Schutz des ungeborenen Lebens" ein (Donum Vitae 2015). Im Rahmen dessen berät der Verein Schwangere und stellt auch den Beratungsschein aus. Diese Umgehung des päpstlichen Verbots führt immer wieder zu Unstimmigkeiten zwischen dem deutschen Laienkatholizismus und Rom.

Zu der bis heute letzten Änderung der gesetzlichen Regulierung von Abtreibungen kam es 2009, als man sich den sogenannten Spätabtreibungen annahm. Von Spätabtreibungen spricht man meist bei Abbrüchen nach der zweiundzwanzigsten Woche, dem Zeitpunkt, ab welchem der Fötus auch außerhalb des Mutterleibes lebensfähig ist. Eine embryopathische Indikation hatte 1995 keinen Eingang in das Gesetz gefunden, das heißt ein pränatal-diagnostischer Befund stellt keinen Grund für eine erlaubte Abtreibung über das erste Schwangerschaftstrimester hinaus dar. Jedoch deckt die medizinische Indikation diesen Fall indirekt ab, da ein Abbruch möglich bleibt, falls die physische oder psychische Gesundheit der Schwangeren in Gefahr ist. Befindet der Arzt nun, dass eine drohende Behinderung des Kindes eine schwerwiegende Beeinträchtigung der mentalen Gesundheit der Schwangeren darstellt, also eine medizinische Indikation vorliegt, so kann ein Schwangerschaftsabbruch durchgeführt werden, um die Gefahr für die Schwangere abzuwenden.

Da die medizinische Indikation den Abbruch prinzipiell bis zur Geburt erlaubt, konnte seit 1995 embryonal-fetales Leben mit (potenzieller) Behinderung auch zu einem sehr späten Zeitpunkt abgetrieben werden. Im vorher geltenden Recht war ein solcher Abbruch im Rahmen der embryopathischen Indikation nur bis zur zweiundzwanzigsten Woche möglich. Mit der Streichung dieser Indikation und der Abdeckung durch die medizinische Indikation entfiel dann nicht nur diese Frist, sondern auch die im Gesetz von 1976 vorgeschriebene Beratung und dreitägige Bedenkzeit.

Um Spätabtreibungen bei fetaler Missbildung entgegen zu wirken, verabschiedete der Bundestag am 13. Mai 2009 eine Änderung des Schwangerschaftskonfliktgesetzes auf Grundlage einer fraktionsübergreifenden Initiative. Laut der zum 1. Januar 2010 in Kraft getretenen Änderung müssen Frauen nun eine dreitägige Bedenkzeit zwischen Diagnose und Abbruch einhalten.[8] Des Weiteren muss der den Abbruch autorisierende Arzt der Schwangeren eine Beratung anbieten. Die Regulierung wurde dadurch zwar wieder etwas restriktiver, die Novellierung ist aber eher gering und kann als symbolisch gewertet werden.

Die Entwicklungen nach dem Jahr 2000 im Überblick

- 2000 Die katholische Kirche steigt aus der Schwangerenkonfliktberatung aus.
- 13.05.2009 Der Bundestag verabschiedet die Änderung des Schwangerschaftskonfliktgesetzes.

[8] BGBl. I 2009, S. 2990.

Die Ursachen für den deutschen Weg 5

Warum hat sich die Abtreibungsgesetzgebung in Deutschland so entwickelt wie im vorangegangenen Kapitel dargestellt? Teils nationale, teils internationale Faktoren stießen die fortwährenden Anpassungen der Gesetzeslage an. Der Grund für die wechselnden und manchmal widersprüchlichen politischen Antworten auf die Abtreibungsfrage sind die unterschiedlichen Konstellationen der relevanten Einflussfaktoren in den bedeutsamen Reformdekaden, den 1970er, 1990er und 2000er Jahren.

Dass es überhaupt erst in den 1970er Jahren zu einer Änderung der Abtreibungsregulierung kam, war dem Konservativismus der frühen Bundesrepublik geschuldet. Die konservative Sexualmoral der deutschen Bevölkerung in den 1950er und 1960er Jahren spiegelte sich in einer ebenso konservativen Ehe- und Familienpolitik wider. Veränderte gesellschaftliche Rahmenbedingungen ebneten schließlich in den 1970er Jahren den Weg für eine grundsätzliche Novellierung des § 218.

5.1 Die 1970er Jahre im Spannungsfeld zwischen Feminismus und Konservativismus

Die 1970er Jahre brachten zwar eine Liberalisierung der Abtreibungsgesetzgebung hin zu einem weiten Indikationsmodell, eine Vollliberalisierung in Form eines Fristenmodells, wie sie die Frauenbewegung forderte, ließ jedoch noch zwei Jahrzehnte auf sich warten. Das Faktorenbündel, welches bedingte, dass die Abtreibungsfrage überhaupt auf die politische Agenda kam und welche Antwort gefunden wurde, setzt sich aus einem beginnenden nationalen Wertewandel, den Bemühungen der Frauenbewegung und internationalen Entwicklungen einerseits

E. T. Budde, *Abtreibungspolitik in Deutschland,* essentials,
DOI 10.1007/978-3-658-09724-0_5

und der historischen Erfahrung Deutschlands und der fortbestehenden Stärke konservativer Kräfte in der Bundesrepublik andererseits zusammen.

Im Rahmen der sexuellen Revolution der 1960er Jahre enttabuisierten sich die Themen Sexualität und Reproduktion und es öffnete sich überhaupt erst ein Raum für einen gesellschaftlichen Diskurs über Geburtenkontrolle (Koch 1988, S. 48 f.). Eine liberalere Einstellung der Bevölkerung hinsichtlich Schwangerschaftsabbrüchen fand Ausdruck in einer stetig wachsenden Anzahl von Frauen, die sich für eine Abtreibung entschieden, und Ärzten, die bereit waren eine solche durchzuführen. Der Ende der 1960er Jahre beginnende Abtreibungsboom belegt, wie ineffektiv das gesetzliche Abtreibungsverbot geworden war und wie weit es sich von der gesellschaftlichen Realität entfernt hatte. Der „Abtreibungstourismus" in Länder mit permissiverer Gesetzeslage bzw. Rechtspraxis wie den Niederlanden oder Großbritannien unterlief das Abtreibungsverbot weiter (Behren 2004, S. 414; Gante 1991, S. 106).

Die zweite Welle der Frauenbewegung nutzte das opportune gesellschaftliche Klima der beginnenden 1970er Jahre um eine Novellierung des Abtreibungsparagraphen auf die politische Agenda zu bringen. Als zentrale Forderung formulierte die Frauenbewegung die vollständige Streichung des § 218 mit der Begründung, die legale Abtreibung sei Teil des Selbstbestimmungsrechts der Frau (Kamenitsa 2001, S. 115). Man wollte eine solch intime Entscheidung den weiblichen Körper und Lebensweg betreffend aus der Entscheidungsgewalt zumeist männlicher Politiker, Ärzte und Richter befreien. Der Slogan „Mein Bauch gehört mir" brachte dies programmatisch auf den Punkt. Der Kampf um das Recht auf Abtreibung war nicht nur Anstoß zur Formation und die zentrale Forderung der Frauenbewegung, sondern sollte zum Symbol der gesellschaftlichen Emanzipation der Frau werden.

Eindrücklich gelang der Frauenbewegung der massenmediale Durchbruch mit der Selbstbezichtigungskampagne in der Zeitschrift Stern (1971 von Alice Schwarzer). Trotz des bestehenden gesetzlichen Verbots, also unter der Gefahr einer strafrechtlichen Verfolgung, bekannten sich 374 Frauen dazu, abgetrieben zu haben. Durch das mutige öffentliche Geständnis und damit dem Bruch eines vormaligen Tabus wandelten die Frauen dieses private Thema in intendiert feministischer Manier zum Politischen.

Jedoch war die Bundesrepublik der 1970er Jahre nicht frei vom Einfluss konservativer Kräfte. Die beiden Kirchen mobilisierten in Großdemonstrationen Anfang der 1970er Jahre gegen eine Liberalisierung der Abtreibungsregulierung. Die sich verhärtenden Fronten zwischen den Kirchen und der Frauenbewegung führten zu einer gesellschaftlichen Polarisierung (Koch 1988, S. 53; Gindulis 2003, S. 102). Die folgende Mobilisierung einer breiten Öffentlichkeit übte Reformdruck auf das Parlament aus und führte unmittelbar zu einer Beschäftigung mit der Änderung des

§ 218 innerhalb der Parteien auf Bundesebene, insbesondere in der Regierungskoalition aus SPD und FDP (Gante 1991, S. 127).

1974 schien der Kampf zu Gunsten der Befürworter einer Liberalisierung mit der Verabschiedung des Fristenmodells entschieden. Jedoch konnte das konservative Lager durch „den Gang nach Karlsruhe" die beschlossene Liberalisierung doch noch in letzter Sekunde verhindern.

Durch ihre Nähe zu den Kirchen und um das konservative Wählerklientel zu bedienen, führte die CDU einen erbitterten Kampf gegen das Fristenmodell. Zwar unterlag man auf Bundesebene, den fraktionellen Mehrheiten geschuldet, zunächst den damaligen Regierungsparteien SPD und FDP, jedoch erhoben 193 Mitglieder der CDU/CSU-Bundestagsfraktion im Anschluss eine Verfassungsbeschwerde gegen das bereits vom Bundespräsidenten unterzeichnete Gesetz. Die CDU-Landesregierung[1] von Baden-Württemberg beantragte zusätzlich eine einstweilige Verfügung, um das Inkrafttreten des Gesetzes bis zu einer Entscheidung des BVerfG hinaus zu zögern. Kurz darauf schlossen sich auch die unionsgeführten Länder Baden-Württemberg, Rheinland-Pfalz, Bayern, Schleswig-Holstein und das Saarland der vorherigen Verfassungsbeschwerde an (Mantei 2004, S. 421).

Das darauf folgende Verfassungsgerichtsurteil verhinderte das Inkrafttreten der Fristenlösung. In der Urteilsbegründung wurde unter anderem auf die Erfahrungen mit dem NS-Regime rekurriert. Die spezifische historische Verantwortung schutzlosem Leben gegenüber und wohl auch die männliche Dominanz (sieben männliche Richter und eine Richterin im Ersten Senat des BVerfG) im richterlichen Entscheidungsgremium halfen den konservativen Parteien eine Vollliberalisierung im letzten Moment abzuwenden (siehe Mantei 2004, S. 421).

Zusammenfassend ist das im Jahre 1976 in Kraft getretene weite Indikationsmodell als politischer Kompromiss zu deuten, der einerseits möglichst viel Entscheidungsfreiheit für die Frau bringen sollte, so wie es die regierenden Parteien SPD und FDP ursprünglich entschieden hatten. Andererseits akkommodierte der Kompromiss die von konservativer Seite geforderte normative Missbilligung von Abtreibungen. Das reine politische Mehrheitsverhältnis der frühen 1970er hätte, wie das ursprünglich verabschiedete Gesetz von 1974 belegt, bereits in den 1970er Jahren zu einer vollständigen Liberalisierung geführt. Dass dies nicht gelang, lag an dem erbitterten Kampf der Oppositionsparteien und einem männlich dominierten Verfassungsgericht, das im Lichte der Erfahrung des Nationalsozialis-

[1] In Baden-Württemberg hatte die CDU bei der Landtagswahl 1972 mit 52,9 % der Stimmen erstmalig eine absolute Mehrheit im Land erringen können. (Landesarchiv Baden-Württemberg 2015). Ohne einen liberaleren Koalitionspartner konnte sich die Landesregierung ungebremst gegen eine Liberalisierung einsetzen.

mus den Schutz des sich entwickelnden Lebens vor das Selbstbestimmungsrecht der Frau stellte.

5.2 Ein Land, zwei Frauenbilder: Abtreibung in den 1990ern zwischen Ost und West

1995 wurde erstmalig eine Fristenlösung geltendes Recht in Deutschland. Doch auch dieser Liberalisierungsschritt verlief über Umwege. Den Hauptimpetus, den in den 1970ern hart errungenen politischen Kompromiss überhaupt wieder aufzurollen, gab die Wiedervereinigung. Ohne diesen Anstoß hätte wohl keine der politischen Parteien die zermürbenden Verhandlungen wieder auf sich genommen.

Die abtreibungsbezogenen Bestimmungen im Einigungsvertrag übten einen massiven Handlungsdruck aus und zwangen die Politik sich erneut mit der Abtreibungsregulierung zu befassen. Unter der sozialistischen Ideologie der DDR hatte sich ein von der Bundesrepublik fundamental verschiedenes Frauenbild und weibliches Selbstverständnis entwickelt. Die staatlich verschriebene Primäridentität als geschlechtsneutraler Arbeiter konnte Teile der gesellschaftlichen geschlechtsspezifischen Rollenzuweisungen nivellieren. Frauen in der DDR gingen folglich viel öfter als ihre westdeutschen Schwestern einer Erwerbstätigkeit nach und hatten sich zum Zeitpunkt der Wiedervereinigung schon zwei Jahrzehnte, seit 1972, an das Fristenmodell gewöhnen können. Mit dem Fall der Mauer prallten zwei schwer miteinander versöhnliche Frauenbilder und zwei sich widersprechende Abtreibungsparagraphen aufeinander. Trotz des offensichtlich dringlichen Regelungsbedarfs konnte man sich im Einigungsvertrag nicht auf eine gemeinsame Lösung verständigen. Stattdessen legte man im Einigungsvertrag fest, dass der gesamtdeutsche Gesetzgeber spätestens bis zum Ablauf des Jahres 1992 eine neue Regelung zu schaffen habe. Bis dahin blieben die bestehenden in Ost- und Westdeutschland divergierenden Regulierungen in Kraft.[2]

Erst am 26. Juni 1992 verabschiedete der Bundestag nach einem 16-stündigen Verhandlungsmarathon das Fristenmodell. Überraschenderweise wurde die Fristenlösung dieses Mal unter einer schwarz-gelben Koalitionsregierung verabschiedet. Dies lag an dem eingeschränkten Handlungsspielraum des konservativen Lagers. Eine Restriktivierung oder eine Ausweitung der westdeutschen Regelung auf Ostdeutschland war politisch unmöglich durchzusetzen. Einerseits schien es unangemessen, den ostdeutschen Frauen ein Recht zu nehmen, das sie bereits zwei Jahrzehnte lang genossen hatten. Andererseits konnte man sich durch das Erstar-

[2] Art. 31 Abs. 4 Einigungsvertrag vom 31.8.1990.

ken der Frauenunion und wegen der Fusion mit der Ost-CDU nicht mehr CDU intern geschlossen gegen ein Fristenmodell positionieren. Aufgrund der Inklusion von neuen Mitgliedern, die wegen ihrer Herkunft aus der DDR und ihrer liberaleren Abtreibungsrechtstradition fast einhellig die Fristenlösung favorisierten, war eine gemeinsame Stoßrichtung unmöglich geworden.

Im Gegenteil ermöglichten die Stimmen jener Unionsparlamentarier, die bei dem Gewissensentscheid für die zwischen CDU/CSU, FDP und SPD ausgehandelte Kompromisslösung stimmten, dass der Bundestag die Fristenlösung mit großer parlamentarischer Mehrheit beschließen konnte. Somit konnten sich sowohl eine restriktivere Initiative einer CDU/CSU-Minderheit wie auch liberalere Initiativen von PDS und Bündnis 90/Die Grünen nicht durchsetzen (Gindulis 2003, S. 125).

Geschlossen gegen ein Fristenmodell trat nur noch die CSU an. Diese gab dann auch den Anstoß zur verfassungsrechtlichen Überprüfung der verabschiedeten Fristenlösung. Das BVerfG verhinderte, wie schon einmal in den 1970 Jahren, auf Antrag der Bayerischen Staatsregierung und 248 Abgeordneter das Inkrafttreten dieser Fristenlösung. Wahrscheinlich auch aus verfassungsrichterlichen Kohärenzbestrebungen zum ersten Fristenregelungsurteil in den 1970ern, erklärte das Gericht in seinem Urteil vom 28.05.1993 Teile des Schwangeren- und Familienhilfegesetz (SFHG) von 1992 für verfassungswidrig.

Im dritten Leitsatz des Urteils heißt es: „Rechtlicher Schutz gebührt dem Ungeborenen auch gegenüber seiner Mutter. Ein solcher Schutz ist nur möglich, wenn der Gesetzgeber ihr einen Schwangerschaftsabbruch grundsätzlich verbietet und ihr damit die grundsätzliche Rechtspflicht auferlegt, das Kind auszutragen" (BVerfGE 88, 203). Somit machte das Urteil eine reine Fristenlösung, wie 1992 verabschiedet, unmöglich.

Für die gebotene Neuregelung des § 218 nach dem Gerichtsentscheid waren der rechtliche wie auch der politische Handlungsspielraum nun auf beiden Seiten des Spektrums begrenzt. Einerseits konnte man die Fristenlösung aufgrund des Urteils nicht komplett freigeben, andererseits hatte der Mauerfall das Beharren auf eine Indikationsregelung unmöglich gemacht. Diese Konstellation führte direkt zu der widersprüchlichen noch heute gültigen Regelung von 1995.

Handelt es sich bei der heutigen Regelung de facto um ein Fristenmodell, weil ein Abbruch innerhalb des ersten Trimesters straffrei ist, so bleibt ein Abbruch trotzdem weiterhin rechtswidrig (nur ohne Straffolge). Diese Regelung kann als politisch-rechtlicher Spagat gedeutet werden, der in seiner Widersprüchlichkeit den Kompromiss unversöhnlicher Positionen spiegelt.

5.3 Technologischer Fortschritt und Behindertenrechte: Die Novellierung der Spätabtreibung 2009

2009 änderte der Gesetzgeber die Abtreibungsregulierung erneut. Für Abbrüche nach dem ersten Schwangerschaftstrimester, die durchgeführt werden, weil die mentale Gesundheit der Frau aufgrund einer drohenden Behinderung des Kindes gefährdet ist, legte man fest, dass der Arzt eine Beratung anbieten muss und mindestens drei Tage Bedenkzeit zwischen der Diagnose und dem Eingriff liegen müssen.

Zwei gegenläufige Entwicklungen stießen diese erneute Änderung an. Der technologische Fortschritt machte eine immer präzisere Diagnose von fetalen Schädigungen möglich und die Pränataldiagnostik entwickelte sich zu einer Routineuntersuchung. Resultierend kamen immer mehr Frauen in die (Konflikt)-Situation sich in dem Wissen um eine fetale Missbildung oder einen Gendefekt für oder gegen die Weiterführung der Schwangerschaft entscheiden zu müssen. Gleichzeitig vergrößerte sich jedoch das gesellschaftliche Bewusstsein für die Belange von Menschen mit Behinderungen. Die Behindertenrechtsbewegung argumentierte, dass die selektive Abtreibung von Föten mit zukünftiger Behinderung diskriminierend sei. Es wuchs demnach nicht nur die Anzahl der betroffenen Frauen, sondern auch der moralische Konflikt bei einer Spätabtreibung.

Eine Verschiebung in der Regulierung von Abtreibungen aus embryopathischen Gründen gab es bereits in den 1990er Jahren. Mit dem Schwangeren- und Familienhilfeänderungsgesetz von 1995 wurde die embryopathische Indikation abgeschafft. War zuvor eine Abtreibung wegen einer vermuteten Behinderung des Kindes bis zur zweiundzwanzigsten Schwangerschaftswoche straffrei, so stellte eine solche embryopathische Indikation ab 1995 keinen Grund für eine straffreie Abtreibung mehr dar. Kirchen und Behindertenverbände forderten die Streichung dieser Indikation. Jedoch fängt die medizinische Indikation die weggefallene Indikation auf. Somit ist die Gesetzeslage keineswegs restriktiver geworden. Das Wegfallen dieser Indikation scheint eher einem gesellschaftlichen Wandel hin zu einer angestrebten Inklusion und Nichtdiskriminierung von Menschen mit Behinderungen symbolisch Rechnung tragen zu wollen – bei gleichzeitiger Beibehaltung bzw. sogar Vergrößerung der Entscheidungsfreiheit der Frau. Diese Regelung stellte einen Spagat dar, der nicht lange gelang und eine weitere Änderung der Gesetzgebung 2009 nach sich zog.

Einige Fälle von sehr spät durchgeführten Abtreibungen drangen an die Medien und lösten einen moralischen Schock in der Gesellschaft aus. Der prominenteste Fall war der als „Oldenburger Baby" bekannt gewordene Tim, einem in der 25. Schwangerschaftswoche abgetriebenen Jungen mit Down-Syndrom. Das Kind überlebte 1997 die Abtreibung, wurde aber zunächst neun Stunden lang nicht medizinisch behandelt (ZEIT ONLINE 2009). Da die Wahrscheinlichkeit, dass eine Abtreibung „misslingt“ und die Kinder lebend zur Welt kommen, mit zunehmender Schwangerschaftszeit wächst und das Oldenburger Baby kein Einzelfall ist, verabschiedete die Bundesärztekammer 1998 eine Erklärung, in der Politik und Öffentlichkeit auf Mängel in der Gesetzeslage aufmerksam gemacht werden sollten (Die Welt 1999). Während der Regierungszeit der Rot-Grünen Koalition (1998–2005) kam es zu keiner Novellierung. Die folgende Regierung, bestehend aus CDU, CSU und SPD, legte aber bereits im Koalitionsvertrag fest, zu prüfen, ob man die rechtliche Situation von Spätabtreibungen verbessern könne (Koalitionsvertrag 2005, S. 121).

Dieses Vorhaben fand dann mit der Novellierung 2009 seinen Abschluss. Als Regulierungsinstrument zog der Gesetzgeber ein altbewährtes Mittel heran, die Beratung plus dreitägige Bedenkzeit. Bereits in den 1990er Jahren wurde eine Pflichtberatung der Schwangeren als Ersatzinstrument zum Schutz ungeborenen Lebens anstelle einer strafrechtlichen Verfolgung eingesetzt. Eine Beratungspflicht als symbolisches Mittel um die normative Missbilligung eines Abbruches auszudrücken, aber gleichzeitig die Entscheidungsfreiheit der Frau zu gewährleisten, hatte sich demzufolge schon einmal zur politischen Konfliktbefriedigung bewährt. Im Falle der Spätabtreibung konnte man auf dieses Instrument zurückgreifen. Anstatt die Rechtslage tatsächlich substanziell zu verschärfen, bemühte man die Beratung als symbolischen Akt des Lebensschutzes.

6 Fazit

Die Geschichte der Regulierung von Abtreibungen in Deutschland ist die Geschichte eines politischen Kampfes. Bei den erbitterten Auseinandersetzungen ging es für die einen um die Emanzipation der Frau in der Gesellschaft und für die anderen um den Schutz unschuldigen Lebens. Die moralischen Absolute haben eine politische Kompromissbildung stets erschwert. Sukzessive Liberalisierungen ziehen sich zwar wie ein roter Faden durch die Regulierungsgeschichte der Abtreibung in Deutschland, aber der Weg zur heutigen Regelung glich einem Slalomlauf durch ein politisches Mienenfeld. Auch wenn die heute gültige Fristenregelung in der Substanz ein liberales Modell darstellt und viel Entscheidungsfreiheit für die Frau bietet, so ist doch die paradoxe Gleichzeitigkeit von Rechtswidrigkeit und Straffreiheit das Zeugnis eines unmöglichen politischen Spagats.

Die Abtreibungsthematik weist eine ungewöhnlich hohe moralische Konfliktdichte auf. In der Besonderheit der Schwangerschaft, als einer Situation in der das embryonal-fetale Leben in auswegloser Abhängigkeit vom weiblichen Körpers existiert, ist ein steter Konflikt zwischen den Rechten der Frau und denen des ungeborenen Kindes angelegt. Welche Rechte höher zu bewerten sind, birgt eine nicht rational entscheidbare menschliche Grundfrage über die Definition von Menschsein in sich. Hinzu kommt die symbolische Überfrachtung der Abtreibung als Grundstein weiblicher Emanzipation und der religiöse Deutungsanspruch über Leben und Tod. Die Implikationen von Abtreibungen für Frauengesundheit, Bevölkerungspolitik und die gesellschaftliche Stellung von Menschen mit Behinderungen tun ihr übriges, um eine konsensuale politische Lösung für den Schwangerschaftsabbruch unmöglich zu machen.

E. T. Budde, *Abtreibungspolitik in Deutschland,* essentials,
DOI 10.1007/978-3-658-09724-0_6

Entsprechend konfliktreich gestaltete sich der politische Prozess in Bezug auf den § 218 in den letzten 55 Jahren. Die Abtreibungsdebatte der 1970er Jahre war ein Symptom des im Rahmen der sexuellen Revolution und durch die zweite Welle der Frauenbewegung angestoßenen gesellschaftlichen Wertewandels. Die politische Entscheidung zur Fristenlösung 1974 geschah in diesem Geiste und wurde durch die damaligen politischen Mehrheiten (Koalition aus SPD und FDP) möglich gemacht. Doch die symbolische Bedeutung der Abtreibung war zu groß, als dass sich die konservative Opposition mit der Niederlage in der parlamentarischen Arena geschlagen geben wollte. In letzter Sekunde konnte man durch einen Karlsruher Richterspruch die Fristenlösung doch noch verhindern. Die Indikationslösung von 1976 wollte in dieser Form zwar keine der politischen Parteien, doch sie erwies sich in den nächsten zwanzig Jahren als überraschend stabil.

Die zermürbenden Neuverhandlungen in den 1990er Jahren hätte wohl niemand auf sich genommen, wäre durch die Wiedervereinigung eine Neuregulierung nicht unabwendbar geworden. Eine gesamtdeutsche Lösung war angesichts der konträren Frauenbilder von BRD und DDR und den entsprechend konträren Abtreibungsgesetzen zwar notwendig, aber nur schwer zu finden. Da die Wiedervereinigung auch zu einer Zersplitterung der CDU/CSU-Fraktion in der Abtreibungsfrage führte, konnte sich das Fristenmodell 1995 endgültig durchsetzen. Die Widersprüchlichkeit der heutigen Gesetzgebung ist Ausdruck der Unmöglichkeit der Vereinigung sich diametral widersprechender moralischer Standpunkte.

Trotz oder gerade wegen der Vielzahl der Neuregulierungen des Abtreibungsrechts in der deutschen Geschichte und der Widersprüchlichkeit des heutigen Gesetzes ist eine zukünftige Novellierung der Abtreibungsgesetzgebung in Deutschland nicht zu erwarten. Bereits nach den Erfahrungen der endlosen Debatten der 1970er Jahre hätte wohl keine Partei freiwillig das brisante Thema wieder aufgemacht. Erst ein so starker Anschub wie die Wiedervereinigung vermochte es den gefundenen Kompromiss aufzubrechen. Nach dem sich der politische Konflikt in den 1990er Jahren wieder als ungewöhnlich heftig erwies, scheint der gefundene Kompromiss nun sehr stabil. Sogar die Novellierung der Spätabtreibung 2009 spricht für die Kontinuität des jetzigen Modells. In der Substanz tastete man die Abtreibungsregulierung von 1995 nicht an. Die verabschiedete Änderung ist eher symbolischer Natur. Renate Schmidt, die frühere Familienministerin, betonte in der Bundestagsdebatte, dass niemand den Kompromiss des § 218 in Frage stellen wolle. „Die Schlachten der 80er und 90er Jahre müssen Gottseidank nicht mehr geschlagen werden", sagte sie (Tagesspiegel 2009).

Eine zukünftige substantielle Restriktivierung ist unwahrscheinlich, da sich die deutschen Frauen ein so hart erkämpftes Recht wohl nicht nehmen lassen würden. Ebenso unwahrscheinlich scheint eine weitere Liberalisierung. Erstens hat man mit dem (kurzen) Fristenmodell bereits eine der liberalsten empirisch existierenden Stufen erreicht und zweitens sichert die CDU als kirchennahe Partei im deutschen Parteiensystem eine fortdauernde normative Missbilligung von Abtreibungen.

Der Grundtenor der Fristenlösung wird sich allem Anschein nach zukünftig in Deutschland nicht ändern. Weitere Novellierungen könnten sich aber an Details der Regulierung ergeben. So böte etwa die Spätabtreibung weiteres Konfliktpotenzial. 2009 konnte man sich nicht dazu durchringen den lebensfähigen Fötus effektiv zu schützen. Eine Abtreibung bleibt, wenn auch nur nach Beratung und Wartefrist, bis kurz vor die Geburt möglich. Damit steht Deutschland zwar im internationalen Vergleich nicht alleine da, unterscheidet sich aber beispielsweise von den skandinavischen Ländern, die sich sonst durch eine liberale Regulierung auszeichnen. Da jedoch die jetzige Regierung unter Beteiligung der CDU keine Anzeichen zeigt eine Novellierung anzugehen, scheint auch eine Detailänderung der Spätabtreibung in den nächsten Jahren eher unwahrscheinlich.

Das bedeutet jedoch nicht, dass der moralische Konflikt befriedet wäre. Die Stabilität des § 218 verlagert die politische Aufmerksamkeit auf andere Bereiche der Reproduktion, Sexualität und des Sterbens. Zum Beispiel erlebte die Abtreibungsfrage ein Revival in Form der Debatten um die „Pille danach". Mediale Aufmerksamkeit erfuhr die Thematik als ein Fall bekannt wurde, in der mehrere Kliniken unter katholischer Trägerschaft die Herausgabe einer solchen Pille an ein Vergewaltigungsopfer verweigerten (Süddeutsche 2013). Die Position der katholischen Kirche, auch in der Debatte um die Verschreibungspflicht der Pille danach, gründete sich auf die angeblich abortive Wirkung dieser Verhütungsform. Trotz des kirchlichen Widerstands ist in Deutschland, als einem der letzten europäischen Länder, seit März 2015 die Pille danach ohne Rezept in Apotheken erhältlich (FOCUS 2015). Beispiele für weitere aktuelle politische Konflikte, die teilweise ähnliche moralische Grundfragen berühren wie die Abtreibung, sind die Prostitutionsdebatte[1] und die politische Auseinandersetzung um Sterbehilfe[2]. Die Debatten um den § 218 gehören voraussichtlich der Vergangenheit an. Die spezifisch reproduktionspolitischen Konflikte der Gegenwart und Zukunft sind in Bereichen wie der embryonalen Stammzellforschung, Präimplantationsdiagnostik, Notfallkontrazeption, In-Vitro Fertilisation und Leihmutterschaft angesiedelt.

[1] Siehe hierzu auch das Springer Essential von Euchner (2015) zu Prostitutionspolitik.

[2] Siehe hierzu auch das Springer Essential von Preidel (2015) zu Sterbehilfepolitik.

Was Sie aus diesem Essential mitnehmen können

- Die Abtreibungsthematik ist politisch so brisant, weil sie viele moralisch-weltanschauliche Fragen aufwirft, wie zum Beispiel was die Rolle der Frau in Familie und Gesellschaft sein sollte, wie sehr Religion Politik beeinflussen darf und ab wann der Mensch eigentlich ein Mensch ist.
- Die Abtreibungsgesetzgebungen der letzten 55 Jahre in Westeuropa folgen einem beispiellosen Liberalisierungstrend.
- Deutschland ist im europäischen Vergleich bezüglich seines Regulierungsniveaus und seiner Reformgeschwindigkeit in der Abtreibungsregulierung im Mittelfeld zu verorten.
- Sich wesentlich voneinander unterscheidende Frauenbilder in der DDR und der BRD führten zu unterschiedlichen Schwangerschaftsabbruchsgesetzgebungen in Ost- und Westdeutschland, die nach der Wiedervereinigung angeglichen werden mussten.
- Die aktuell bestehende Fristenlösung ist ein stabiler politischer Kompromiss und eine zukünftige Neuregelung der Abtreibungsgesetzgebung in Deutschland ist somit unwahrscheinlich.

E. T. Budde, *Abtreibungspolitik in Deutschland,* essentials,
DOI 10.1007/978-3-658-09724-0

Literatur

von Behren, Dirk. 2004. *Die Geschichte des [Paragraph] 218 StGB*. Tübingen: Edition Diskord.

Busch, Ulrike, und Daphne Hahn, Hrsg. 2014. *Abtreibung. Diskurse und Tendenzen*. Bielefeld: Transcript.

Die Welt. 1999. 800 Abtreibungen kurz vor der Geburt (20.12.1999).

Euchner, Eva-Maria. 2015. Prostitutionspolitik in Deutschland. Entwicklungen im Kontext europäischer Trends. Wiesbaden: Springer VS.

FOCUS. 2015. Regelung gefunden: Pille danach ab 15. März rezeptfrei in Apotheken – Deutschland. *Online Focus* (28.01.2015).

Gante, Michael. 1991. *[Paragraph] 218 in der Diskussion. Meinungs- und Willensbildung 1945–1976*. Düsseldorf: Droste.

Gindulis, Edith. 2003. *Der Konflikt um die Abtreibung. Die Bestimmungsfaktoren der Gesetzgebung zum Schwangerschaftsabbruch im OECD-Ländervergleich*. Wiesbaden: Westdeutscher Verlag.

Jerouschek, Günter. 1993. Mittelalter: Antikes Erbe, weltliche Gesetzgebung und kanonisches Recht. In *Geschichte der Abtreibung. Von der Antike bis zur Gegenwart*, Hrsg. Robert Jütte. München: Beck.

Kamenitsa, Lynn. 2001. Abortion debates in Germany. In *Abortion politics, women's movements, and the democratic state*, Hrsg. Dorothy McBride Stetson, 111–133. Oxford: Oxford University Press.

Knill, Christoph. 2015. *Moralpolitik in Deutschland. Staatliche Regulierung gesellschaftlicher Wertekonflikte im historischen und internationalen Vergleich*. Wiesbaden: Springer VS.

Koch, Hans-Georg. 1988. Landesberichte: 1. Bundesrepublik Deutschland. In *Schwangerschaftsabbruch im internationalen Vergleich. Rechtliche Regelungen, soziale Rahmenbedingungen, empirische Grunddaten*, Hrsg. Albin Eser und Hans-Georg Koch, 17–325. Baden-Baden: Nomos.

E. T. Budde, *Abtreibungspolitik in Deutschland*, essentials,
DOI 10.1007/978-3-658-09724-0

Kongregation für die Glaubenslehre. 2009. Klarstellung zur vorsätzlichen Abtreibung, 11. Juli 2009. http://www.vatican.va/roman_curia/congregations/cfaith/documents/rc_con_cfaith_doc_20090711_aborto-procurato_ge.html. Zugegriffen: 24. Feb. 2015.

Lammich, Siegfried. 1988. Deutsche Demokratische Republik. In *Schwangerschaftsabbruch im internationalen Vergleich. Rechtliche Regelungen, soziale Rahmenbedingungen, empirische Grunddaten*, Hrsg. Albin Eser und Hans-Georg Koch. Baden-Baden: Nomos.

Landesarchiv Baden-Württemberg. 2015. 60 Jahre Baden-Württemberg – Zeittafel zur Geschichte des Landes – LEO-BW. http://www.leo-bw.de/themen/landesgeschichte/60-jahre-baden-wurttemberg-zeittafel. Zugegriffen: 4. Feb. 2015.

Mantei, S. 2004. *Nein und Ja zur Abtreibung: die evangelische Kirche in der Reformdebatte um [Paragraph]218 StGB (1970–1976).* Göttingen: Vandenhoeck & Ruprecht.

Meidert, Nadine, und Kerstin Nebel. 2013. Moralpolitik am Beispiel von Einstellungen zum Schwangerschaftsabbruch in Deutschland. Eine vergleichende Längsschnittstudie von Gesellschaft und politischen Akteuren. *Zeitschrift für Politikwissenschaft* 23 (1): 77–102.

Outshoorn, Joyce. 1996. The stability of compromise:. Abortion politics in western Europe. In *Abortion politics. Public policy in cross-cultural perspective*, Hrsg. Marianne Githens und Dorothy E. McBride Stetson, 145–165. New York: Routledge.

Preidel, Caroline. 2015. Sterbehilfepolitik in Deutschland. Eine Einführung. Wiesbaden: Springer VS.

Scheppele, Kim Lane (1996). Constitutionalizing abortion. In *Abortion politics. Public policy in cross-cultural perspective*, Hrsg. Marianne Githens und Dorothy E. McBride Stetson, 29–55. New York: Routledge.

Spieker, Manfred. 2008. *Kirche und Abtreibung in Deutschland. Ursachen und Verlauf eines Konfliktes*. Paderborn: F. Schöningh.

Süddeutsche. 2013. Katholische Kirche:Deutsche Bischöfe erlauben „Pille danach" (21.2.2013).

Tagesspiegel. 2009. Spätabtreibung: Bedenkzeit für Frauen (14.05.2009).

ZEIT ONLINE. 2009. Ethik: Besser tot als lebend? (11.03.2009)